# LE BIENHEUREUX

# JEAN DE MONTMIRAIL

Jean proposa un échange au pauvre lépreux ; il lui demanda sa chétive monture, et lui donna la sienne, qui était de grande valeur.

LE BIENHEUREUX

# JEAN DE MONTMIRAIL

PAR

M. LE COMTE DE LAMBEL.

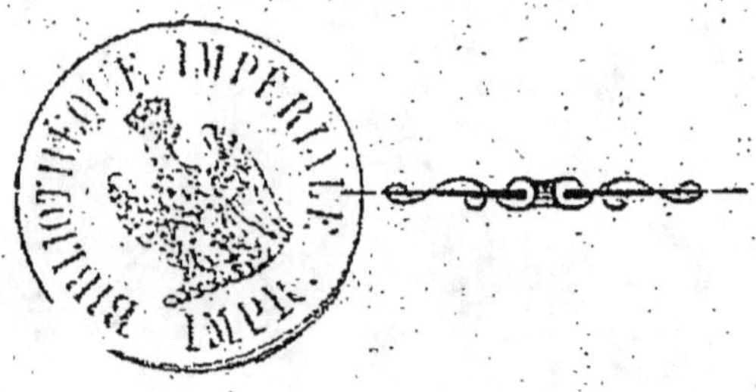

# LILLE

L. LEFORT, IMPRIMEUR-LIBRAIRE

MDCCCLXII

# PRÉFACE

L'histoire d'un saint est pour l'âme chrétienne un guide et un encouragement; elle lui montre le chemin à suivre et lui indique les moyens à prendre pour conquérir le ciel. A ce double point de vue, la vie du bienheureux Jean de Montmirail doit exciter notre reconnaissante admiration. Plus il fut illustre dans le monde, et plus son esprit de renoncement nous exhorte à nous détacher des choses d'ici-bas ; plus ses éminentes qualités brillèrent à la cour de France, et plus son humilité nous presse de combattre notre orgueil. En contemplant les merveilles opérées dans son cœur par la puissance de la foi, on se sent porté à bénir le Seigneur et à se dire avec saint Augustin : « Ne pourrai-je pas marcher sur ses traces et imiter au moins de loin ses vertus ? »

# JEAN DE MONTMIRAIL

## CHAPITRE PREMIER

**Naissance, éducation et mariage de Jean de Montmirail.**

Il existe dans la partie de la Champagne appelée la Brie, une petite ville fort ancienne qui emprunte son nom à son remarquable site : c'est Montmirail [1]. Là est né, en 1165, Jean,

---

[1] *Mons mirabilis*, montagne admirable.

fils d'André, seigneur de cette cité, et d'Hildiarde d'Oisy. Sa famille possédait de grands biens, et justifiait, par la pratique de la charité, les dons de la Providence. Ses ancêtres s'étaient illustrés par des services rendus au pays. Des chartes conservées encore de nos jours témoignent à la fois de leur dévouement à la religion et de leur munificence éclairée. L'un d'eux, nommé Gaucher, propriétaire de domaines importants dans la Brie, y avait fait bâtir un bourg connu sous le nom du *Fort* ou de *la Ferté-Gaucher*; et il était parvenu à s'allier au comte de Champagne, ce descendant de Charlemagne, dont les états dépassaient la mesure et l'importance d'un petit royaume. Le comte de Champagne possédait Montmirail parmi ses dix-huit cents fiefs; en mariant l'une de ses filles à Gaucher, il lui avait donné cette ville pour dot, à condition que l'aîné de ses petits-fils en porterait le nom, et rendrait hommage à lui et à ses successeurs.

Les héritiers de Gaucher exercèrent sur leurs vassaux une salutaire influence, fondèrent une église et contribuèrent à l'établissement de maisons religieuses : l'un avait appelé les moines de Saint-Augustin ; l'autre, ami de saint Bernard, en avait obtenu pour Montmirail un prieuré de Clunistes. En attirant ainsi dans leurs terres des hommes , énergiquement trempés pour les luttes de l'esprit et de la charité contre les sens et l'égoïsme , des amis des pauvres , des malades , des vieillards et des infirmes , ils avaient en même temps créé des foyers permanents de prières , d'études , de lumières et de zèle pour le salut des âmes.

Quant à la mère de Jean , cette noble héritière de la maison d'Oisy avait apporté au seigneur de Montmirail , avec d'immenses richesses , un notable accroissement de puissance ; ses gracieuses vertus mettaient le comble au bonheur d'André. Cependant une bénédiction semblait refusée à cet heureux mariage : c'était celle de la fécondité. Plusieurs années s'écoulèrent dans une attente toujours trompée ; mais la confiance des époux ne se lassa ni de prier ni de multiplier les aumônes, et leur persévérance fut récompensée.

Dès ses plus tendres années , le petit Jean unissait à ses charmes extérieurs une docilité, une gentillesse, une gaieté charmantes. Hildiarde cultivait et développait avec joie les gracieuses dispositions de son enfant ; elle l'habituait de bonne heure à tourner souvent ses mains et son cœur vers le Ciel ; elle lui apprenait la compassion envers les malheureux ; elle lui faisait déjà savourer les délices secrètes attachées au service de l'indigent. Mais elle ne jouit pas longtemps des douceurs de la maternité. Elle allait peut-être s'attacher à ce monde par des liens trop étroits qui auraient affaibli son désir de gagner le ciel. Une mort très-prématurée, en lui assurant l'éternelle félicité, vint la ravir à la tendresse de son époux et montrer à ce seigneur la fragilité des prospérités d'ici-bas. André ressentit vivement le coup dont il était frappé, et sa douleur fit assez voir combien il appréciait le trésor dont il était privé. Les caresses de son fils le rattachèrent à la vie. La précoce intelligence de Jean semblait deviner qu'il devait être un ange consolateur ; sa mère lui en obtint les grâces, et il sut en remplir la mission avec un tact et un succès qui ne se rencontrent pas ordinairement.

Après plusieurs années de deuil et de tristesse, André, préoccupé de l'avenir de son enfant, bien décidé à ne le confier à aucune main étrangère, chercha, dans un second mariage, à lui ménager les soins et l'attachement d'une seconde mère. Il ne se préoccupa ni de la naissance ni de la fortune ; il voulut, avant tout, choisir une personne dont l'intelligence et les vertus pussent garantir à sa vigilance paternelle une assistance dont il ne croyait pas pouvoir se passer. Dieu bénit la droiture de ses intentions ; et sa nouvelle compagne, nommée, à l'occasion de son mariage, comtesse de la Ferté-Gaucher, répondit avec un zèle éclairé aux exigences de sa position. Privée elle-même d'enfants, elle aima toujours Jean comme on aime un fils unique. Sans cesse occupée de son éducation, elle ne confiait à personne cette surveillance de tous les instants si utile à la bonne direction des facultés physiques et morales. Elle partageait les journées de l'enfant entre les exercices du corps et ceux de l'intelligence ; mais elle plaçait au premier rang les conseils et les leçons capables de porter ce jeune cœur à la pratique de la vertu.

Jean était destiné à exercer une grande influence sur ses contemporains ; il convenait de le préparer aux travaux et aux périls de la guerre ; il devait recevoir une instruction solide, acquérir toutes les connaissances indispensables pour bien gouverner ses domaines et rendre la justice à ses vassaux. Or, pour donner à la culture de son esprit sa véritable valeur, il importait d'y mettre la science aux ordres d'une âme éclairée par les lumières de la foi ; il fallait rendre cette âme digne de commander aux autres par le généreux empire qu'elle sut exercer sur elle-même ; en un mot, c'était surtout sur le cœur et sur la volonté qu'il fallait agir et concentrer les plus sérieux efforts. Ce principe essentiel de toute éducation chrétienne présidait à celle de Jean ; plus tard il devint le germe de sa sainteté. Les maximes du monde purent l'éblouir quelque temps et frapper de stérilité plusieurs années de sa brillante carrière ; mais sa foi ne périt pas : confiée à une terre riche et bien préparée, elle y poussa de profondes racines, et finit par produire des tiges chargées de fleurs et de fruits merveilleux.

Des exercices proportionnés à ses forces assouplissaient ses membres et fortifiaient sa santé. C'est ainsi qu'il faisait à pied de longues courses et gravissait des montagnes. Il apprit de bonne heure l'art de l'équitation, et y acquit une habileté peu commune. Il s'habituait à porter de pesantes armures, et maniait avec une singulière dextérité la lance, la hache, l'épée, qui décidaient à cette époque du sort des batailles. Quelquefois il faisait de petites guerres, assiégeait des places fortes simulées en terre et en gazon. Plus tard, il allait à la chasse, tantôt pour s'emparer du gibier, à l'aide du faucon, le plus beau et le plus agile des oiseaux de proie ; tantôt pour délivrer le pays des ravages des loups et des autres animaux malfaisants.

Quand il rentrait au château de Montmirail, Jean trouvait un tout autre emploi de son temps ; il reposait son corps en cultivant son intelligence. La littérature, la poésie, le droit coutumier, la langue latine et ses chefs-d'œuvre, l'histoire avec ses conclusions pratiques toujours puissantes pour porter au bien, la biographie des hommes illustres, et surtout la vie des saints, se partageaient ses heures et son attention. L'Ancien et le Nouveau Testament augmentaient sa foi, son amour pour Dieu et son désir de le bien servir. Son éducation était forte, parce qu'elle était éminemment religieuse. Sans contester l'importance des facultés physiques et des exercices du corps, on lui faisait comprendre l'incomparable supériorité des dons de l'âme. En appelant son admiration sur les beautés de la nature, on les lui montrait comme un pâle reflet des splendeurs célestes. En lui expliquant les meilleures règles du droit civil et politique, on ne manquait pas de remonter aux lois divines comme à leur source la plus pure. Enfin les événements historiques se déroulaient à ses yeux comme une confirmation sans cesse renouvelée de la parole de Dieu et de ses infaillibles décrets.

Cette éducation à peine terminée, André voulut présenter son fils à la cour du roi de France Louis VII. Tout, excepté l'âge, semblait conseiller une telle démarche : l'extérieur remarquable de Jean, son adresse à manier les armes, l'amabilité de son caractère, la distinction de son intelligence étaient faits pour tenter l'orgueil paternel. Peut-être aussi le seigneur de Montmirail pressentait-il les approches de la mort; peut-être voulait-il entourer de son expérience les débuts de son unique enfant, et l'aider à se bien poser au milieu des grands de la terre. Les espérances d'André ne furent pas déçues; les succès du fils dépassèrent même les prévisions du père.

Philippe Auguste, l'héritier présomptif de Louis VII, était le contemporain de Jean; le même jour les avait vus naître; cette circonstance les rapprocha promptement. Les

attrayantes qualités du jeune seigneur ne tardèrent pas à lui concilier l'affection du prince ;
les années ajoutèrent encore à ce mutuel
attachement ; et quand Philippe Auguste
monta sur le trône, les soucis du pouvoir,
loin d'affaiblir son amitié pour Jean, parurent
au contraire la rendre plus étroite et plus
vive. Le roi connaissait à fond ce cœur
loyal, incapable de dissimuler, prêt à affron-
ter tous les périls pour servir la cause de
son souverain ; il l'appréciait à sa valeur, lui
confiait ses projets, le consultait en mainte
circonstance et avait une haute estime pour
son opinion. Aussi le seigneur de Montmirail
jouissait-il à la cour d'un crédit exceptionnel ;
mais il n'en usait pas pour obtenir des fa-
veurs personnelles ; il le mettait à profit pour
obliger les autres et leur rendre beaucoup de
services. Il trouvait dans la générosité de son
caractère le rare secret de se faire pardonner
son influence, et il parvenait ordinairement à
déjouer les piéges de l'envie, si ardente à
dénigrer ce qui s'élève, si prompte surtout à
s'attaquer aux plus hautes renommées. Entouré d'une bienveillance universelle, il semblait
destiné à tous les succès, et les triomphes de
l'amour-propre paraissaient vouloir s'accumuler

sur sa tête pour l'éblouir et le frapper de vertige.

Il avait eu le malheur de perdre son père depuis quelque temps. Dans l'ensemble de sa situation, il y avait pour son âme des périls qui n'échappaient pas à la vigilance dévouée de sa belle-mère. Aussi la comtesse de la Ferté-Gaucher, heureuse du bonheur de Jean, redoutait-elle pour ses mœurs les enivrements de la fortune. Du fond de sa retraite, elle priait Dieu d'incliner le cœur de son enfant vers les sérieuses pensées du mariage, espérant par ce moyen le soustraire aux dangers et aux entraînements de la cour. Elle entreprit dans ce but des démarches bientôt couronnées de succès. Vers l'année 1185, elle réussit à unir Jean à une jeune personne remarmarque par sa naissance, sa fortune, sa beauté et ses vertus : c'était Helvide de Dampierre, d'une illustre maison, devenue la tige des ducs de Bourgogne, des rois de Navarre, des empereurs d'Allemagne et de Constantinople.

# CHAPITRE II

Exploits et conversion de Jean de Montmirail.

Le mariage du jeune seigneur ne produisit
pas tout d'abord les résultats désirés par sa
belle-mère. Habitué à la société et aux applau-
dissements des princes, extraordinairement
doué sous le rapport de l'intelligence et de
l'adresse, il faisait les délices de la cour dans
les jeux de l'esprit et du corps; il s'y com-
plaisait, et là il oubliait volontiers les devoirs
du seigneur de Montmirail. On y donnait souvent des tournois; c'étaient des fêtes militaires
où l'on s'exerçait au combat avec des armes
courtoises; la dextérité, secondée par la force,
y remportait les prix, décernés suivant un
règlement connu et approuvé. Jean brillait

dans ces tournois, où il était ordinairement vainqueur. Pour renoncer à tous ces plaisirs, il eût fallu s'armer de courage et correspondre fidèlement aux appels de la grâce. Ce triomphe se fit attendre plusieurs années. Mais, au milieu de tant de séductions variées, Jean ne manquait pas une occasion d'accroître sa renommée ni d'ajouter à sa gloire ; les délices de la paix ne diminuaient pas son ardeur pour la guerre ; aucune satisfaction n'égalait celle qu'il éprouvait à se signaler par sa valeur.

Il vivait au temps des *croisades*, expéditions à jamais mémorables, entreprises pour délivrer les lieux saints du joug des infidèles ; guerres fécondes en épreuves pour les *croisés*, mais plus fertiles encore en bienfaits pour l'Europe. A la croisade de 1190, Jean fut cité pour ses exploits devant Ptolémaïs. Deux ans plus tard (1193), à la bataille de Gisors, il se conduisit en héros. La ville de Gisors, ainsi que le Vexin, était tombée au pouvoir de Richard Cœur de lion, roi d'Angleterre. Philippe Auguste voulut repousser l'injuste agression de son rival. L'armée française vint camper à une certaine distance de l'ennemi ; le roi résolut de faire lui-même une reconnaissance, suivi seulement de cinq cents lances ; mais

des replis de terrain cachaient les mouvements
des troupes anglaises; elles s'approchèrent
sans être vues, et ne tardèrent pas à enve-
lopper de toute part le valeureux monarque.
Un gentilhomme, faisant fonction de vedette,
découvre l'adroite manœuvre, sonne l'alarme
et conseille la retraite. Philippe Auguste refuse
d'écouter les avis de la prudence; au lieu de
reculer, il marche en avant, après s'être
recommandé au Dieu des armées, et paraît
courir à une mort certaine, lorsque Jean de
Montmirail accourt avec la noblesse française :
il fait au roi un rempart de son corps, re-
pousse et culbute les premières lignes de
l'ennemi. Les Anglais, étonnés d'un choc si
imprévu et si meurtrier, croient à l'arrivée
de nombreux renforts; ils hésitent, ils flé-
chissent; et le roi, profitant d'un moment de
panique, s'ouvre un chemin vers Gisors, dont
il parvient à s'emparer. En entrant dans la
cité, suivi de son fidèle compagnon, il dut
traverser un pont qui s'écroula sous le poids
de son escorte; mais il fut sauvé, dans ce
nouveau péril, par une protection spéciale de
la sainte Vierge. Pour perpétuer le souvenir
de ce bienfait, sa reconnaissance fit ériger
une statue. Pendant plusieurs siècles, les

habitants de la ville en racontaient avec une pieuse émotion l'origine et l'histoire.

De retour à Paris, Philippe Auguste proclama les éminents services de Jean, loua sa singulière bravoure, lui donna, en signe de gratitude, une belle tunique en drap d'or, érigea la terre de Montmirail au nombre des rares baronies de l'époque, et, si l'on en croit plusieurs historiens, il conféra plus tard à ce seigneur la dignité de connétable. Cette dernière assertion a été sérieusement contestée; mais elle emprunte un caractère d'authenticité au témoignage de saint Vincent de Paul : saint Vincent fut à même d'en vérifier l'exactitude, puisqu'il passa cinq années dans le château de Montmirail avec le titre de gouverneur des jeunes de Gondy, descendants par les femmes du bienheureux Jean.

Ardent pour le plaisir, le baron de Montmirail le cherchait, on le sait, au préjudice de son devoir. Au lieu de vivre dans le détachement chrétien des choses de la terre, et d'en user comme n'en usant pas, il leur avait laissé prendre cette première place qui appartient à Dieu. Les maximes pernicieuses du monde avaient fait invasion dans son âme et paralysaient les enseignements de la religion. Quand il s'agissait de briller dans une fête, aucun obstacle, aucune dépense, aucune prodigalité ne l'arrêtaient. Quand il fallait rendre la justice à ses vassaux, soulager la misère des pauvres et donner à sa nombreuse maison l'exemple des pratiques chrétiennes, les empêchements lui semblaient insurmontables, et trop souvent il se disait : « A demain les choses sérieuses. »

Cependant, lorsqu'il fut parvenu au faîte des grandeurs et au comble de la gloire, il parut commencer à comprendre leur irrémédiable vanité. Les splendeurs de la cour ne lui offraient plus le même attrait ; la beauté des chevaux, l'éclat des pierreries, la richesse des armures et celle des vêtements, en un mot, les excès de ce luxe qu'il se plaisait à déployer en toute rencontre, ne laissaient plus de paix à sa conscience. Sa foi, longtemps assoupie, se réveillait pour l'éclairer de lumières inespérées. « Le beau est la splendeur du bien ! » a dit un ancien philosophe. Cette parole retentissait confusément à ses oreilles. Il se souvenait de l'histoire du figuier stérile, immortalisé par l'Evangile, et il se reprochait l'inutilité de sa vie. La vérité nous veut à son service ; il ne suffit pas d'y adhérer en théorie, nous devons la prendre pour règle de notre conduite, travailler à la répandre et à la faire aimer. Ces principes lui apparaissaient sous un nouveau jour, quand la Providence le ramena à Montmirail (1199) ; c'est là qu'elle l'attendait pour fortifier ses dispositions encore chancelantes et le décider à changer de vie.

Il y avait alors dans cette ville un monastère composé de fervents religieux. Le prieur des chanoines réguliers de Saint-Étienne était un homme intérieur, très-avancé dans les voies spirituelles ; depuis longtemps il priait pour le salut du puissant seigneur : Dieu exauça ses vœux et se servit de son concours pour ramener Jean aux sentiments dignes de la sublime vocation du chrétien. Dans ses visites au château, le prieur parlait, avec l'autorité de son caractère, des vérités éternelles ; il ne négligeait pas de rappeler que le salut est la seule chose nécessaire, que tout est illusion ici-bas, tout, excepté l'amour de Dieu et son service. Il reproduisait ces grandes pensées sous des formes variées, mais souvent saisissantes ; il y avait d'ailleurs en sa personne cet heureux mélange de force, de douceur et d'aménité qui attire et captive les cœurs.

Un jour, au retour d'un tournoi, comme les amis du baron de Montmirail se pressent autour de lui et le félicitent de sa victoire, le vénérable prieur, se présentant à son tour, lui demande, avec une respectueuse assurance, ce qu'il a recueilli de tant de peines : « *Du vent !* » répond le seigneur ; puis il se tait, et on voit sa physionomie porter l'empreinte des plus graves réflexions.

A partir de cette époque, un observateur attentif aurait pu constater de persévérants progrès dans la voie de la religion. Peu à peu, Jean s'éloigne des fêtes et des plaisirs de la cour ; il prolonge ses séjours à Montmirail, recherche les conseils du prieur, s'attache à cet excellent guide, fréquente les sacrements, et se montre en même temps sévère pour lui et indulgent pour les autres. La malveillance et la calomnie s'efforcent de critiquer sa nouvelle conduite ; ses anciens compagnons, Helvide elle-même, regrettant amèrement les joies mondaines, s'entendent pour contrarier l'accomplissement de ses pieux desseins. Mais personne ne réussit à ébranler ses résolutions ; sa paix, sa patience et son énergie en imposent à tous. Uni à Dieu par la soumission et l'amour, il réussit à toucher, par ses paroles, des âmes depuis longtemps rebelles aux divins préceptes.

« On compare avec raison la grâce à l'huile, dit le père Machaut dans son *Histoire du Bienheureux*. Quand une goutte d'huile tombe sur une étoffe, cette liqueur s'étend et gagne du terrain : la grâce agit de même. A mesure que vous y correspondez, elle afflue avec plus de rapidité; elle arrive avec tant d'abondance que l'âme en est tout imprégnée et se trouve tout à fait sous son salutaire empire. La fidélité à une première grâce en attire beaucoup d'autres, assure le salut et conduit parfois à une éminente sainteté. »

Pendant bien des années, les folles rêveries des passions humaines avaient occupé une immense place dans la vie de Jean; mais la solide piété transforme tout ce qu'elle touche. Aussi s'applique-t-il à combattre ses anciens penchants; il s'inspire des conseils de la foi, et veut réparer ses négligences, ses fautes passées, par un surcroît d'exactitude et de zèle. Il se déclare hautement chrétien, et n'accepte aucun des compromis funestes, tentés pour concilier l'esprit de l'Evangile avec l'esprit du siècle. La modestie des vêtements remplace le luxe des anciennes parures; une nourriture

simple et frugale succède aux plus splendides
festins. Il introduit une sage réforme dans
l'administration de sa fortune ; les dépenses
inutiles sont supprimées ; les sommes devenues
disponibles sont consacrées au soulagement
des pauvres et à la décoration des églises.
La douceur, la charité tempèrent singuliè-
rement la vivacité de son caractère et la fierté
de son langage. Naguère il se laissait encore
dominer par un désir déréglé de l'estime et
des louanges ; désormais il aspire à un triomphe
plus important que celui des champs de bataille : on le voit sans cesse appliqué à se
vaincre lui-même et à fouler aux pieds les
vaines terreurs du *qu'en dira-t-on.* Son zèle
se manifeste dans les petites comme dans les
grandes occasions. Il réprime autour de lui
la licence des paroles par la gravité de son
maintien. Si la cloche sonne pour annoncer
un office, il quitte les plus brillantes visites,
fait agréer ses excuses et se rend à l'appel
de l'Eglise. Pénétré de la puissance et de la
nécessité de la prière, il chante les matines
avec les chanoines du prieuré, pleure les
années données au monde, passe de longues
heures à genoux sur la pierre glacée, renonce
aux jouissances du temps pour s'assurer celles

de l'éternité, et s'adonne à la pratique de la mortification. Il fonde un ermitage dans une forêt située à une demi-lieue de Montmirail, et s'y retire de temps en temps, mais surtout à la veille des grandes solennités religieuses; afin de se préparer à les célébrer pieusement, il s'y livre à l'exercice de la méditation, et cherche dans le recueillement de meilleures dispositions pour s'unir au divin Maître. Son plus vif désir est d'imiter les saints, « qui évitaient autant que possible, dit l'auteur de l'*Imitation*, la compagnie des hommes, et dont le choix était de servir Dieu dans la retraite. »

# CHAPITRE III

Conduite de Jean dans sa famille, dans ses
domaines, et à la cour, après sa conversion.


Dans la famille du baron de Montmirail,
comme dans ses domaines, tous ressentirent
la salutaire influence de sa conversion.

Six enfants, trois fils et trois filles, étaient
issus de son mariage avec Helvide de Dampierre; de concert avec elle, il s'occupe de
leur éducation, dirige leurs études, assure
leurs succès dans la science de la religion,
et ne néglige rien pour leur faire aimer les
vertus de foi, d'espérance et de charité, ces
trois bases fondamentales de la vie chrétienne.
Il veut les intéresser en les instruisant, leur
procure des manuscrits attrayants par leurs

vignettes, leur raconte des légendes bien choisies, et parvient ainsi à meubler leur mémoire de traits édifiants. Ses prières, ses communions tendent à obtenir le salut de ses enfants ; ses aumônes aux communautés religieuses, ses nombreuses donations aux pauvres et aux abbayes se proposent le même but.

Parmi ses descendants, quelques-uns eurent une brillante carrière, plusieurs formèrent des rameaux promptement desséchés. Sa plus jeune fille, Marie, s'allia au sire de Coucy, et laissa une postérité illustre entre toutes les autres ; quant à l'aînée, qui s'était toujours montrée la plus docile à ses leçons, elle choisit la meilleure part, et devint religieuse d'une communauté dont son père fut, à Montmirail, le fondateur et le soutien. Cette maison, appelée l'abbaye du Mont-Dieu, renfermait quarante-huit cellules. Les religieuses cloîtrées s'y livraient aux exercices de la vie contemplative, à l'éducation de l'enfance, et à la culture de la terre ; menant une vie mortifiée et partageant leur nécessaire avec les pauvres et les voyageurs. Pendant plusieurs siècles, l'abbaye du Mont-Dieu exerça dans la ville et dans le pays la double influence réservée aux vertus qui répandent des bienfaits. La Providence

semblait l'avoir chargée de rappeler aux géné-
rations les plus reculées l'histoire de son fondateur vénéré et les mérites de la religieuse
qui l'avait popularisée par son dévouement.

Après ses enfants, Jean surveillait ses nombreux domestiques; à la lumière de l'Evangile
mieux pratiquée il avait appris à connaître et
à remplir ses devoirs envers cette seconde
famille, dont sa haute position sociale l'avait
entouré. Avant sa conversion, il considérait
surtout les gens de sa maison comme des
instruments appelés à augmenter ses jouissances, en lui permettant de donner satisfaction à ses caprices. Après être entré dans la
voie de la piété, il voyait principalement en
eux des âmes rachetées comme la sienne du
sang de Jésus-Christ, des âmes dont il répon-
drait un jour au tribunal du souverain Juge.
Préoccupé de cette grave responsabilité, il
s'efforçait de les conduire à Dieu par ses conseils et par ses exemples. Il leur rappelait
souvent qu'avant de lui devoir leurs services,
ils étaient tenus de servir le souverain Maître
de la terre et du ciel. Il réprimait envers eux
la vivacité naturelle de son caractère; il allégeait, par la bienveillance du commandement,
le joug de l'obéissance. Il parlait avec bonté

à ses serviteurs, les aidait à se corriger de leurs défauts, et ne témoignait de sévérité que pour leur endurcissement dans le vice. Il réservait aux écarts de conduite ses rigueurs, ses menaces et ses expulsions, quand il avait perdu l'espoir d'un amendement. Mais, en sévissant contre le mal, il témoignait encore au coupable indulgence et compassion.

Seigneur d'importants domaines, Jean étendait son autorité non-seulement sur Montmirail, mais aussi sur plusieurs villes de Brie, de Champagne, de Picardie et des Pays-Bas, sur Gandelu, la Ferté-sous-Jouarre, Meaux, Cambrai, etc. Il voulut exécuter en faveur de ses vassaux ses nouvelles résolutions de mansuétude et de miséricorde. Montrer de la défiance, c'est ordinairement l'inspirer. Pénétré de cette pensée, il témoignait à tous une affectueuse confiance ; sa bonté intelligente et éclairée disposait heureusement les cœurs à la pratique du bien. Les serfs placés sous sa dépendance étaient en quelque sorte des colons, obligés à la culture d'une certaine étendue de terre, mais dirigeant d'ailleurs à leur gré leur personne, leur famille et leurs affaires. Ils étaient tenus de faire valoir de leur mieux les champs confiés à leurs soins.

En échange de cette obligation, ils avaient droit au logement, à la nourriture, aux vêtements, au repos des dimanches et des nombreuses fêtes religieuses fondées par la maternelle sollicitude de l'Eglise. Le baron de Montmirail ne se contenta pas de remplir ses devoirs envers les serfs; il rechercha et saisit toutes les occasions d'améliorer leur sort. Pendant ses longs séjours près du roi, il avait laissé à ses baillis le soin de rendre la justice. De retour dans ses fiefs, il veut réparer les négligences de ses délégués; il se charge d'accomplir lui-même l'importante mission qu'il leur avait confiée. Il s'en acquitte avec une scrupuleuse exactitude, avec une noble simplicité; et son administration, devenue paternelle, le fait aimer de tous.

Ses vassaux lui payaient certains impôts, dont le produit l'aidait à soutenir ses droits, à se défendre contre d'injustes agressions, et à couvrir une partie de ses dépenses personnelles. Ils trouvaient la redevance trop élevée; ils portent leurs doléances à Jean, qui accorde un notable allégement pour l'avenir, et pousse la générosité jusqu'à faire restituer aux contribuables une partie des sommes déjà perçues. Les serfs attachés aux propriétés des couvents, heureux sous la douce autorité des religieux, répétaient alors à l'envi, suivant une expression devenue proverbiale, *qu'il faisait bon vivre sous la crosse*. Les vassaux et les serfs du baron de Montmirail éprouvaient la même satisfaction et l'exprimaient avec une égale reconnaissance.

Dieu se plaisait à bénir la droiture de Jean, la pureté de ses intentions. Le succès couronnait ses entreprises, et il ressentait dans les jours difficiles les effets d'une mystérieuse protection. Nous en citerons une preuve entre plusieurs autres.

Peu de temps après les réformes introduites dans ses petits états, il vit son château d'Oisy assiégé par Baudouin, comte de Flandre, allié de l'Angleterre contre la France. Les forces de l'ennemi étaient considérables, et ce château était faiblement défendu par un certain nombre de soldats mal armés; sa perte paraissait inévitable; déjà le découragement s'était emparé des assiégés; mais Jean avait gardé le sang-froid dont il avait donné tant d'exemples sur les champs de bataille, et il conservait la confiance que Baudouin ne triompherait pas. Il se fiait en l'assistance du Seigneur; il ne fut pas confondu. Il rassura les

siens par son attitude calme et énergique ; il
fit à Dieu d'ardentes prières, et alla solliciter
celles d'une abbaye voisine dont la ferveur lui
était connue. Le lendemain, avant la levée
de ce jour qui devait être décisif, tous les
pères du couvent célèbrent à son intention
les saints mystères : dans la matinée le temps
change tout à coup ; le ciel, naguère encore
si serein, se couvre d'épais nuages ; une pluie
torrentielle inonde le pays, rend le terrain
tout à fait impraticable, et oblige les assié-
geants à la retraite.

Les soins multipliés prodigués par le baron
de Montmirail à sa famille, à ses serviteurs
et aux habitants de ses domaines, joints à de
nombreux exercices de piété, occupaient tout
son temps et le tenaient éloigné de la cour.
Cependant il y retournait quand il croyait
avoir un devoir à remplir ou une bonne œuvre
à entreprendre. C'est ainsi qu'il y revint à
plusieurs reprises, pour décider Philippe Auguste à mettre un terme aux scandales de sa
nouvelle vie. Ce monarque, emporté par une
passion criminelle, s'était séparé, sous pré-
texte de parenté, de la reine Ingelburge, avec
la volonté d'épouser Agnès de Méranie. Mais
comme son mariage n'était entaché d'aucune

nullité, il ne lui était pas permis de songer à une autre union. Instruit de ce désordre, le pape Innocent III s'efforce de le réprimer ; il emploie d'abord les exhortations, puis les menaces, et, comme il n'obtient pas le rappel d'Ingelburge, il use des armes spirituelles données à l'Eglise pour faire régner dans le monde la justice et la vérité. Les barons du royaume, consultés par le souverain, l'exhortent unaniment à obéir au souverain pontife. Cependant le roi hésitait encore, quand le seigneur de Montmirail obtint, par son influence salutaire, un résultat dont on commençait à désespérer. Il fit plusieurs fois le voyage de Rome, et opéra, au gré de la religion, la réconciliation si importante du pontife et du monarque. En cette circonstance solennelle, comme dans une foule d'autres où Jean fut puissant pour le bien, son crédit provenait moins de la force de ses argumentations que de l'ascendant de ses vertus. Les leçons courent risque de blesser l'orgueil, tandis que l'autorité des bons exemples surpasse celle des plus éloquents discours.

—◇—

# CHAPITRE IV

Charité, mortification et humilité du bienheureux Jean.

Quand on est admis à contempler un chef-
d'œuvre de l'art, un Michel-Ange, par exemple,
ou un Raphaël, on admire la perfection de
l'ensemble, et on est trop satisfait de l'har-
monie du coup d'œil pour apercevoir tout
d'abord les qualités les plus saillantes du
tableau ; une étude plus attentive, un examen
plus approfondi les révèlent à nos regards : il
en est de même des chefs-d'œuvre de la grâce.
Lorsque la vie d'un saint se manifeste à nous,
sa beauté nous ravit ; le souvenir de ses vertus,
de ses victoires nous édifie et nous transporte ;
mais nous avons besoin de réflexion et de

recueillement pour découvrir ses mérites les plus notables et pouvoir constater les caractères dominants de sa sainteté. Dans la vie du bienheureux Jean, il en est trois qui paraissent l'emporter sur les autres : sa charité, sa soif des mortifications et son humilité.

Il avait sérieusement médité sur la vie présente ; il lui avait demandé avec saint Colomban : « Qu'es-tu donc, ô vie humaine ? » Et, avec ce grand homme, il avait répondu :
« Tu es la voie des mortels, et non leur vie....
» Tu n'es qu'un chemin, et inégal encore,
» long pour les uns, court pour les autres ;
» large pour ceux-ci, étroit pour ceux-là ;
» joyeux pour quelques-uns, triste pour d'au-
» tres ; mais pour tous également rapide et
» et sans retour.... Il faut te traverser sans
» séjourner ; nul ne demeure sur un grand
» chemin ; on ne doit qu'y marcher, afin
» d'atteindre la patrie [1] ! »

L'amour de Dieu, la volonté de conquérir la sainteté et de gagner le ciel avaient armé son courage d'une invincible énergie. Les mortifications les plus pénibles, les pénitences les plus austères étaient celles qui lui plaisaient

[1] *Histoire des moines d'Occident*, par M. le comte de Montalembert.

davantage. Il se rappelait avec chagrin les années écoulées dans le luxe et la trop grande abondance des satisfactions terrestres ; il s'efforçait de les expier par un surcroît d'austérités. Il veut réduire son corps en servitude et procurer à son âme un pouvoir souverain. Il parvient à multiplier ses jeûnes, à prolonger ses travaux, ses veilles, et finit par donner à peine quelques heures au repos. Il dort souvent sur la terre nue, et porte un cilice, c'est-à-dire une large ceinture de poil rude et piquant. Sa chemise, ses hauts-de-chausses, sa chaussure sont en crin, de sorte que chaque mouvement lui cause une gêne ou une souffrance. Pour affaiblir de plus en plus l'action de la chair et des sens, il a souvent recours à la discipline ; il se frappe la poitrine avec des cailloux, et se fait flageller avec des fouets formés de cordes à nœuds ou de lanières de cuir. Il bénit la douleur comme l'instrument de sa délivrance ; on dirait qu'il a pressenti le mot de sainte Thérèse : « Ou souffrir ou mourir ! » « Il semble, suivant la belle expression du R. P. Félix, vouloir épuiser dans son corps la puissance de souffrir. » Mais en marchant dans ce chemin étroit si hérissé d'épines, il n'était ni triste ni chagrin. La grâce et l'espoir d'arriver à un terme infiniment désirable ôtaient à ses pénitences leur rudesse; son âme était heureuse dans cette voie si effrayante pour la nature, et sa joie, venue d'en haut, lui prouvait d'une nouvelle manière la divinité des conseils qu'elle observait avec tant de courage.

Ses austérités tournaient au profit de sa charité; il donnait aux pauvres tout ce qu'il se refusait à lui-même. Il serait difficile d'énumérer les bienfaits qu'il répandit dans le sein des indigents. En triomphant de mille besoins factices ou réels dont il avait été longtemps l'esclave, il avait retrouvé, avec la vraie liberté des enfants de Dieu, le secret de décupler ses forces. Ses largesses, devenues le fruit de ses sacrifices, excitaient la reconnaissance, l'admiration; et, sans y penser, il donnait à son nom un immortel éclat. Malgré la renommée de bravoure qui le rendait si célèbre de son temps, ce nom serait ignoré depuis longtemps si le baron de Montmirail eût persisté dans ses habitudes fastueuses et dissipées; c'est en devenant humble, charitable et mortifié qu'il a conquis avec le ciel une gloire impérissable sur la terre.

Il multipliait les donations en faveur des

monastères ; il voyait avec raison dans les maisons religieuses des éléments précieux de régénération et de bonheur pour les peuples ; il était heureux de les aider à remplir leur noble mission, et constatait avec joie que leurs prières, leurs exemples, leurs sermons, leurs aumônes, en soulageant les maux du corps, guérissaient les blessures de l'âme. Parmi les ordres que Jean aimait à soutenir de ses largesses, on distingue celui des Trinitaires, fondé pour ainsi dire sous ses yeux à Cerfroi, près de Gandelu, par Jean de Matha et Félix de Valois. On connaît l'histoire de ces infatigables soldats de l'Eglise. Pendant six siècles, on le sait, ils travaillèrent à délivrer les victimes des pirateries musulmanes, et rachetèrent, par leur courageux dévouement, plus de neuf cent mille esclaves chrétiens.

Mais ces actes nombreux de munificence éclairée ne suffisaient pas au zèle du seigneur de Montmirail ; ce n'était plus assez pour son cœur d'aider les autres à faire du bien, il voulait exercer directement la miséricorde envers le pauvre, et entrer en rapports personnels avec sa misère. Il connaissait les magnifiques promesses faites par Jésus-Christ à tous ceux qui dans la suite des siècles assisteraient ses membres souffrants. Sous les haillons déchirés de l'indigent, sa foi découvrait la personne du Sauveur ; aussi n'était-il pas de service qu'il ne s'empressât de lui rendre.

Un jour, il rencontre, dans une rue de Montmirail, un voyageur d'un aspect repoussant, couvert de plaies qui exhalent une odeur fétide. Il l'aborde, cherche à le soulager et lui dit : « Que n'allez-vous à la maison de Dieu [1] pour vous y reposer ?

— Je ne peux plus marcher, répond le malade.

— Eh bien, je vous y porterai, » reprend le baron.

Et, en prononçant ces mots, il le charge sur ses épaules, se dirige vers l'hôpital, le dépose dans un bon lit, après avoir lavé ses pieds, ses jambes ; et, comme son cœur se soulève, il gourmande ce cœur : « Misérable et orgueilleux, lui dit-il, je vais te donner le droit de te plaindre. »

En même temps il prend le vase, l'approche de ses lèvres, et boit avec une cou-

---

[1] On appelle l'hôpital *Maison de Dieu* ou *Hôtel-Dieu*, parce que c'est un monument élevé en l'honneur de Dieu pour le service de ses pauvres.

rageuse avidité l'eau dont il s'était servi pour laver les ulcères du voyageur.

Il y avait à l'Hôtel-Dieu une vieille femme dont les plaies étaient si infectes, que ses voisines n'avaient pu supporter sa présence dans la salle commune : on avait été obligé de lui donner une chambre à part. Le bienheureux Jean, décidé à soigner de préférence les infirmes dont le traitement inspirait le plus de répugnance, demande à voir cette pauvre malade. Il pénètre dans sa cellule et s'apprête à lui faire le pansement nécessaire ; mais il éprouve un tel dégoût qu'il semble faiblir et reculer. La prieure de la communauté, chargée de la maison, arrive et s'aperçoit de la défaillance de Jean ; se conformant alors aux recommandations du pieux seigneur qui l'avait souvent priée de ne lui épargner ni les conseils ni les remontrances : « Comment ! dit-elle, un guerrier si justement renommé pour sa bravoure se laisserait vaincre par de l'odeur ? Ah ! ce ne sont pas ces plaies, ce sont vos péchés qui sentent mauvais. »

Aussitôt le baron remercie la religieuse, revient à la charge, aborde en face la difficulté et s'approche de la pauvre infirme ; à l'aide d'un linge convenablement disposé, il

absorbe au profit de sa mortification l'air vi-
cié, procède au pansement avec une lenteur
calculée ; et comme la supérieure, craignant
cette fois pour une santé si chère, lui re-
proche de rester trop longtemps dans une
atmosphère nauséabonde, il répond : « Je
suis plus heureux de respirer cette odeur que
de sentir les parfums les plus suaves ; vous
aviez raison, ce sont mes péchés qui sentent
mauvais. »

Bien différent de ces personnes qui semblent
n'avoir leurs vertus qu'en lingots, en réserver
l'exercice aux actions d'éclat et n'en plus
trouver la monnaie pour les circonstances de
chaque jour, il saisissait toutes les occasions
de témoigner son amour des pauvres ; quand
elles ne se présentaient pas, il se montrait
ingénieux pour les faire naître. Il était heureux de les servir de ses mains, et voulait voir
figurer sur sa table la vaisselle destinée à leur
usage. En donnant le pain du corps, il s'adres-
sait à l'intelligence pour l'éclairer des lumières
de la foi, au cœur pour l'aider à devenir pur,
à l'âme pour la porter à Dieu. Il apprenait à
chacun ce qu'il faut faire pour acquérir la paix
de la conscience, et, un jour la vie éternelle.

Comme il parcourait ses domaines, il lui arriva de s'arrêter dans la petite ville de Crève-Cœur ( Aisne ) et d'y inviter de nombreux seigneurs à dîner. Selon l'usage, la part des indigents avait été réservée. A la fin du repas, l'un d'eux, qui était aveugle, voulant en quelque sorte se faire l'interprète des autres, élève la voix pour témoigner sa vive reconnaissance. « Vous méritez que Dieu vous bénisse, vénérable Jean, vous qui nous avez si bien accueillis ; quant à moi, j'ai de si grandes preuves de votre charité que je ne saurais les énumérer. » A ces mots, un officier du seigneur, surpris d'un tel langage, le questionne sur les bienfaits dont il veut parler, et le pauvre lui dit : « J'ai été coupable de vols, de meurtre ; et j'allais commettre encore d'autres crimes, quand le seigneur Jean, pour punir mes forfaits, me condamna à perdre la vue. A chaque instant j'ai sujet de lui rendre grâces de sa sentence ; les yeux me guidaient pour accomplir mes mauvaises actions ; en me rendant aveugle il a sauvé mon âme. »

Emerveillé de la foi et de la résignation du vieillard, son interlocuteur retourne près de Jean et lui répète ce qu'il vient d'entendre. Aussitôt le baron de Montmirail quitte sa place, se dirige vers le pauvre, se jette à ses pieds et lui demande pardon. Mais l'ancien criminel, purifié par la pénitence, témoigne une humble confusion : « Pourquoi, seigneur, me faire des excuses? je n'y ai aucun droit; votre juste sévérité m'a été plus utile que je ne pourrais l'exprimer. Si vous ne m'aviez pas fait subir la peine, devenue le commencement d'une meilleure vie, depuis longtemps la potence aurait mis fin à mes jours. » Le bienheureux, consolé par ces paroles, ne congédia l'indigent qu'après l'avoir comblé des témoignages de sa compassion.

Lorsque Jean, de retour à Montmirail, n'y recevait pas des visiteurs étrangers à la ville, il sortait souvent en silence, pendant que sa famille et ses serviteurs prenaient le repos de la nuit; il allait alors à la recherche des malheureux, comme saint Vincent de Paul, qui parcourait au xviie siècle les rues de Paris, afin de recueillir les enfants abandonnés; s'il rencontrait quelque indigent ou voyageur attardé, il l'emmenait dans ses appartements, lui donnait tous les soins d'une cordiale hospitalité et le couchait dans son lit, se contentant de la pierre nue pour étendre ses membres fatigués. A force de précautions, il parvint,

pendant plusieurs années, à obtenir le secret
de ce genre de dévouement. Mais, une fois,
des seigneurs étant venus passer quelques jours
chez lui, rencontrèrent un pauvre qui se plai-
gnait de leur arrivée; ils voulurent savoir la
cause de son chagrin; l'indigent, tout occupé
de son mécompte, oublia d'être discret; il
raconta la charitable coutume de Jean, avoua
qu'il avait compté en profiter, et que la présence des visiteurs lui était à charge, parce
qu'elle renversait ses espérances.

Parmi les belles fondations du bienheureux,
il convient de distinguer l'hôpital de Montmirail. Doté en 1207, il fut destiné à recueillir
non-seulement les pauvres, les malades, mais
aussi les voyageurs, les croisés sans ressources,
et les pèlerins, si nombreux à cette époque de
foi. La maison fut construite dans un faubourg
de la ville, à la rencontre de plusieurs routes,
pour éviter aux piétons l'embarras des ques-
tions et la difficulté des recherches. Le charitable seigneur pourvut entièrement à la con-
struction des bâtiments; il exempta l'établissement de tout impôt, lui donna des terres,
des bois, du blé, valeurs dont le temps
augmente l'importance, tandis que les rentes
en argent se déprécient sensiblement d'âge en

âge. Une belle chapelle, placée sous le vocable de Saint-Jean, patron du donateur, couronna l'œuvre en la complétant. De touchants détails font connaître les délicates attentions du charitable seigneur envers les malades; il affecte spécialement une rente à l'entretien d'une lampe qui doit brûler toute la nuit et éclairer leur quartier; un espace convenable leur est ménagé derrière le maître-autel; là ils trouvent une grande cheminée où l'on brûle en hiver le bois nécessaire pour entretenir une douce et constante chaleur.

On sait avec quelle sollicitude le baron de Montmirail soignait les pauvres de l'Hôtel-Dieu; il devint bientôt leur infirmier le plus habile et le plus zélé. Il n'épargnait rien pour les aider à recouvrer la santé; s'ils venaient à mourir à l'hôpital, il voulait les ensevelir de ses mains; il tenait à honneur de porter au cimetière les tristes restes de ces corps appelés un jour aux splendeurs de la bienheureuse immortalité.

Aucune épreuve n'échappait à sa vigilante compassion. Dieu accordait à ses prières des consolations et des lumières pour les pauvres honteux et pour les âmes troublées; elles accouraient près du Bienheureux avec leurs chagrins et les oubliaient en sa douce compagnie. Il avait le don de rendre la ferveur aux tièdes, la foi aux indifférents, et leur retour aux pratiques religieuses lui causaient une joie qu'il n'avait pas goûtée dans les plaisirs les plus attrayants du siècle.

Au XIII<sup>e</sup> siècle, la lèpre exerçait en France d'affreux ravages ; les lépreux défigurés, torturés par la souffrance, étaient des objets d'horreur et de dégoût ; on les éloignait du commerce des hommes et on les reléguait hors des murs. On croyait à la contagion de la maladie ; aussi, dès qu'un cas de lèpre était signalé, on conduisait le lépreux à l'église ; on s'efforçait de lui inspirer des sentiments de résignation ; puis on le menait dans un lieu isolé ou dans l'un des nombreux hospices spéciaux ouverts par la charité. Si la nécessité le ramenait dans des lieux habités, il devait s'y présenter couvert d'un vêtement particulier et muni d'une crécelle, afin d'avertir les passants. Toujours empressée à consoler les affligés, la religion ne négligeait aucune occasion d'adoucir le sort des lépreux ; elle plaçait une croix devant leur maison, et un tronc à leur porte pour leur attirer des aumônes. Elle les bénissait, les appelait *ses chers pauvres*, et leur rappelait ses vérités les plus consolantes.

Docile aux inspirations de l'Eglise, Jean s'occupait avec une tendre charité du soulagement des lépreux. En voyage, s'il rencontrait sur sa route les huttes qu'ils habitaient, il ordonnait à sa suite de s'arrêter à une certaine distance; puis il se dirigeait seul vers la demeure de *ces chers malades du bon Dieu.* Il les traitait avec respect, baisait leurs mains, leur visage repoussant, les exhortait à la patience, et ne les quittait jamais sans leur laisser des secours.

Un jour, il rencontre un lépreux monté sur un mauvais cheval, et veut faire son aumône ordinaire; mais il n'a plus aucune pièce de monnaie. Alors il propose un échange au pauvre : il lui demande sa chétive monture et lui donne la sienne qui était de grande valeur.

A Provins, il y avait un malade exceptionnellement hideux. On ne pouvait le regarder sans frémir, ni l'approcher sans ressentir un invincible dégoût. Jean, découvrant son existence, forme aussitôt le projet d'aller l'assister. Il part, fait à pied une assez longue route, arrive à la chaumière du lépreux, s'agenouille à ses pieds, passe un temps considérable avec lui, et ne se retire qu'après avoir rendu à ce cœur ulcéré le calme et l'espérance.

Une autre fois, se trouvant près du château d'Oisy, il voit venir à lui vingt-cinq lépreux et leur distribue tout ce dont il peut disposer. Un vingt-sixième, plus faible et plus infirme, était resté en arrière ; il se présente après les autres et invoque la compassion du seigneur. Jean avait tout donné ; et cependant, ne voulant pas répondre par un refus, il se dépouille de sa belle tunique et revêt celle du pauvre. Cette dernière charité valut au bienheureux une vision céleste qui remplit son âme de délices pendant toute la journée du lendemain.

Dans le domaine de la nature, les aromates répandent de suaves parfums et préservent de la corruption les corps auxquels on les associe : dans le domaine de la grâce, l'arôme de l'humilité attire, embaume et conserve les autres vertus. L'humilité est basée sur la vérité. Qu'y a-t-il en nous ? le bien et le mal : or le bien vient de Dieu ; et pour le mal, il n'y a certes pas lieu de nous en glorifier. Cette vertu est un attrait presque irrésistible pour tous ; elle a conquis le monde, et le ciel est promis à sa persévérance. Telle était la conviction de Jean ; aussi avait-il pour l'humilité une singulière estime. Il accueillait toutes les occasions d'augmenter en son cœur cet inestimable trésor. Il cachait avec un soin ingénieux ses bonnes œuvres, fuyait les louanges et aspirait après le mépris. Quelquefois ses parents, ses amis, regrettant les fêtes mondaines du passé, tournaient en dérision les pratiques de son zèle; il ne répondait à leurs sarcasmes que par la prière et le pardon. Il disait avec le roi-prophète : « Mon Dieu, le pécheur et l'injuste se sont élevés contre moi au mépris de vos saintes ordonnances ; mais vous êtes ma force, comme vous avez été mon espoir dès mes plus jeunes années.... Mon Dieu, ne vous éloignez pas de moi, soyez mon secours.... et j'espérerai toujours en vous. »

Le baron de Montmirail plaçait toute sa conduite sous la garde de l'humilité, et mérita le surnom d'*humble*. Son amour pour cette grande vertu suffit à expliquer ses rapides progrès dans la voie de la perfection.

# CHAPITRE V

Entrée du bienheureux Jean dans l'ordre
des Bénédictins.

Après dix années consacrées dans le monde
à une vie d'abnégation et de sacrifices, le bienheureux Jean voulut renoncer au pouvoir, à la
fortune, se soumettre au joug salutaire de
l'obéissance, et il forma le dessein d'entrer en
religion. Il lui semblait entendre une voix divine qui lui disait de sortir de sa famille, et il
lui tardait de suivre cette secrète inspiration.
L'éducation de ses enfants était terminée; Helvide, dont la conversion plus tardive devait
l'amener à finir elle-même ses jours dans le
cloître, n'était pas encore désabusée des vaines

illusions de la terre ; elle supportait avec peine,
à côté d'elle, le spectacle de pratiques austères ;
le projet de son époux ne l'étonna pas, et son
consentement, qui était nécessaire, ne se fit
pas attendre. Mais avant d'exécuter une si grave
détermination, Jean voulut s'entourer des lumières les plus capables de l'éclairer. Il s'a-
dressa d'abord à de fervents ermites, et leur
ouvrit son cœur ; ils y reconnurent les signes
d'une vocation religieuse, et lui conseillèrent
l'ordre de Cîteaux près de Dijon. C'était un
monastère fondé à la fin du XI$^e$ siècle par les
Bénédictins. Saint Bernard venait d'apporter
une nouvelle illustration aux religieux de cet
ordre déjà si célèbre, et leur avait laissé son
nom. Les Bernardins associaient aux exercices
d'une fervente piété la culture des terres, l'en-
seignement et les travaux littéraires. La sagesse
de leur règle, la sainteté de leurs fondateurs,
leur donnaient à cette époque une grande influence pour la propagation de la science et de
la vérité.

Jean ne se contenta pas de sa première con-
sultation ; il prit l'avis des théologiens les plus
savants et les plus vertueux de la faculté de
Paris. Leur réponse concordant avec celle des
ermites, il ne douta plus de la volonté de Dieu

et se mit en devoir de répondre à l'appel de la grâce. Il aimait par-dessus tout le bon plaisir de la Providence, et il était pénétré des sentiments si bien exprimés plusieurs siècles plus tard par saint François de Sales dans les paroles suivantes : « C'est un grand contentement à mon âme de cheminer les yeux fermés, selon que la souveraine Providence la conduit; car les motifs et les jugements de Dieu sont impénétrables, mais toujours doux et toujours aimables à ceux qui se confient en lui. Que voulons-nous donc, sinon ce que Dieu veut? Laissons-lui conduire notre âme, qui est sa barque; il la fera arriver à bon port. Oh! qu'heureuses sont les âmes qui ne vivent que de cette volonté divine! »

Parmi les maisons de bernardins fondées en France, Jean choisit le monastère de Longpont, situé dans la forêt de Villers-Cotterets, à trois lieues de Soissons. Ce couvent, fondé par un ami de saint Bernard, par Josselin, évêque de Soissons, avait recueilli et possédait encore une foule d'âmes d'élite. Le vidame de Plaisance y avait vécu vingt-cinq ans dans les exercices d'une fervente piété; Pierre, l'illustre docteur en théologie, avait voulu y mourir après avoir refusé l'évêché de Tournai; et le prieur appelé Gaucher, renommé pour son austérité, destiné à devenir un jour supérieur général de l'ordre, dirigeait cette communauté avec une sagesse consommée. Tels furent les principaux attraits qui déterminèrent le baron de Montmirail. En 1209, il sortit de son château ; on crut qu'il allait prendre part à la guerre entreprise contre les perturbateurs du repos public appelés albigeois, hérétiques résolus à propager par la force le mélange sacrilége de l'erreur avec la vérité. Il voulait diminuer l'amertume de la séparation, en laissant l'espoir d'un prompt retour ; mais les seules armes dont il devait désormais se servir étaient celles de la prière et des bonnes œuvres. Avant de partir, il réunit ses serviteurs, ses vassaux, les exhorta vivement à la pratique des vertus chrétiennes ; et leurs sanglots mal contenus répondirent aux accents de sa pieuse sollicitude ; puis il dit adieu à sa famille éplorée : et, suivi d'un petit nombre de compagnons discrets, il se dirigea vers Longpont, et demanda au supérieur de vouloir bien l'admettre comme novice avec Amand, le plus fidèle de ses serviteurs.

C'était le jour de l'Ascension. D'après un ouvrage, plein d'intérêt et d'érudition, composé par M. l'abbé Boitel [1], voici quels furent le discours du prieur et la réponse du novice.

A genoux devant les religieux, Jean sollicite la faveur de suivre leur règle. Gaucher semble hésiter ; il prie le baron de Montmirail de s'examiner encore, de sonder de nouveau les plus intimes replis de son cœur, et il lui dit : « Comment vous accoutumerez-vous à notre genre de vie qui est dur, aux veilles, aux jeûnes, aux travaux, à l'obéissance, à la rudesse de nos habits, à la grossièreté de notre nourriture, au joug de la discipline monastique, vous qui avez été élevé avec tant de délicatesse et de somptuosité dès votre jeunesse ? vous surtout qui avez été entouré de toute la gloire mondaine, pourrez-vous jamais supporter un régime si sévère ? » Le bienheureux répond d'une voix forte, interprète d'une âme énergique : « Persuadez-vous que si vous me jugez digne de manger seulement chez vous le pain de son dont vous nourrissez vos chiens, jamais je n'aurai rien goûté de plus délicieux dans le siècle. » A ces mots, l'émotion gagne toute l'assistance, et les barrières tombent devant la résolution du novice.

[1] *Histoire du bienheureux Jean*, éditée chez M. Vrayet de Sursy.

La régularité de la vie religieuse, merveil-leusement propre à assurer l'entier emploi du temps, féconde les études les plus ardues et multiplie à l'infini les mérites; mais, au couvent, les jours, les mois, les années s'écoulent dans une laborieuse uniformité, et fournissent peu d'incidents au récit du biographe. Plus le religieux est fervent, plus il aime sa règle, plus son obéissance est exemplaire, plus son détachement est complet, et plus il s'efforce de se dérober aux regards de la terre pour n'être vu que du Ciel. A défaut d'événements notables, il faut donc savoir se contenter de petites anecdotes, et recueillir avec respect des faits de minime importance, s'ils sont de nature à compléter le portrait de l'édifiante physionomie qu'on veut connaître. Agir ainsi, c'est correspondre à la pieuse curiosité des lecteurs; car les chrétiens s'intéressent vivement, et à juste titre, de tout ce qui se rapporte à la vie des saints, leurs ancêtres dans la foi; cette parenté spirituelle leur est chère; quand il s'agit de l'histoire des saints, ils aiment le récit des actions les plus simples, comme nous aimons à entrer dans les moindres détails lorsque nous parlons d'un aïeul vénéré qui caressa notre première enfance.

Depuis sa conversion, Jean de Montmirail s'était efforcé de réparer les injustices que ses longues absences avaient pu faciliter de la part de ses officiers. Mais son extrême délicatesse de conscience n'était pas encore satisfaite : avant d'abandonner à sa famille sa grande fortune, il s'était réservé une somme considérable, consacrée à une nouvelle distribution d'indemnités. Autorisé par le prieur, il sort de son couvent, va parcourir une dernière fois ses domaines, appelle ses vassaux et provoque les réclamations; il paie induement plutôt que de conserver la crainte d'une dette mal acquittée.

A la veille d'entrer à Longpont, il avait fait à cette communauté une donation destinée à couvrir la charge de sa nourriture et de son entretien. L'aumône était d'une médiocre importance; elle avait trait à sa personne, et il ne voulait pas ajouter, par le titre de bienfaiteur, aux égards et au respect dont il craignait d'être entouré de la part des religieux. Cette valeur consistait en une vieille maison, située à Gandelu. A peine devenus propriétaires, les Bernardins furent obligés de songer à des réparations. Mais ils rencontrèrent de la résistance quand ils voulurent faire exécuter les travaux, et furent inquiétés dans la jouissance de leurs nouveaux droits ; ils découvrirent même que le fils aîné du seigneur de Montmirail n'était pas étranger à ces indignes vexations. A cette nouvelle, Jean résolut d'obtenir le triomphe de la justice sans sévir contre les coupables. Il vint lui-même dans la petite ville, imposa par sa présence, réduisit au silence des prétentions iniques, installa les ouvriers et se mit à travailler avec eux, afin de leur assurer le paisible exercice de leur état.

Le bienheureux avait aussi donné quelques dîmes à l'église de Longpont, desservie par les religieux. Ce revenu consistait dans le prélèvement du dixième sur les produits du pays. Le mode de sa perception pouvait présenter des inconvénients et gêner la liberté des contribuables ; mais la dîme était un impôt paternel : proportionné à l'importance des récoltes, il allégeait sensiblement les difficultés des mauvaises récoltes. Toutefois les habitants, secrètement encouragés par de mauvais conseils, mirent à l'épreuve la patience des hommes de Dieu, et refusèrent de s'acquitter, en alléguant de vains prétextes. L'illustre Bernardin revient à Gandelu et perçoit lui-même l'impôt. Il parcourt la ville, frappe de porte en porte, et charge sur ses épaules les dîmes dues à l'Eglise. A son aspect, chacun se soumet, s'exécute et s'incline.

Cependant un mauvais sujet rencontre le bienheureux, et il essaie de pousser à bout sa longanimité. Il le poursuit, s'approche de lui par derrière et à pas mesurés ; puis il prend brusquement dans sa hotte les légumes dont elle était remplie, et les jette dans la boue. Jean ne manifeste pas le plus léger sentiment d'impatience ; il ramasse tout avec calme, et poursuit son chemin sans vouloir connaître l'auteur du méfait.

Son entente des affaires et son autorité dans le monde décidaient souvent le prieur à lui confier la défense des intérêts matériels de la communauté. Dans une mission de ce genre, il avait reçu pour escorte un jeune novice, nouvellement admis, encore mal façonné aux habitudes et aux vertus du couvent. Ils voyageaient l'un et l'autre à cheval, dans de mauvais chemins et par un temps affreux. Vers le milieu du jour, le jeune homme eut faim, et, apercevant au loin une maison habitée, il se dirigea de ce côté avec la permission de Jean, et sollicita l'aumône d'un morceau de pain ; mais on resta sourd à sa prière ; ses instances réitérées ne purent rien obtenir. Il revient exaspéré par le besoin, irrité par la dureté du refus ; il maudit l'insensibilité de son prochain et se livre à tous les déréglements de la colère. Le bienheureux, affligé de l'offense que Dieu reçoit, descend de cheval, se met aux genoux du novice, ramène peu à peu le calme dans cette âme aigrie, et parvient, par son humilité, à lui inspirer une salutaire confusion.

Cette vertu du bienheureux débordait pour ainsi dire de son cœur et cherchait souvent des occasions de mépris. Dans un autre voyage, Jean cheminait avec le procureur d'un couvent, fondé à Vaucelles par l'un de ses ancêtres. Tout à coup ils se trouvent en présence d'un groupe de terrassiers qui les accueillent avec des huées et des injures. A ces cris, le procureur, étonné, hâte le pas et s'empresse de s'éloigner. Le bienheureux, au contraire, s'arrête, et se tournant du côté des ouvriers, il leur dit à haute voix : « Je suis le misérable Jean de Montmirail, grand pécheur, digne de tous les affronts ; jamais on ne m'accablera d'assez d'opprobres. Je vous en prie, renouvelez et répétez encore bien des fois vos insultes à mon adresse. »

Parmi les religieux de Longpont se trouvait Amand, cet ancien officier du baron, entré au couvent le même jour que son maître. Pénétré de vénération pour son seigneur, il donnait carrière à son dévouement par des prévenances et des soins dont il n'était pas toujours facile de découvrir la source. Pendant la nuit, il profitait du sommeil du bienheureux pour aller sans bruit chercher ses chaussures, les nettoyer et les reporter à leur place; mais Jean s'aperçoit bien vite des services qui lui sont rendus, il s'en attriste et s'en plaint au prieur avec une vivacité à peine contenue. « S'il est entré en religion, c'est pour servir et non pour être servi. S'il ne peut atteindre son but dans cette maison, il se verra obligé d'en sortir et d'en chercher une autre. »

A ces mots, le supérieur le rassure pour l'avenir, et lui dit pour le passé : « Ne vous chagrinez pas de ce qui est arrivé, et contentez-vous de suivre mon conseil. La nuit prochaine, quand Amand dormira, vous irez près de son lit, vous prendrez ses souliers, et vous ferez pour lui ce qu'il a fait pour vous. »

Cependant les égards dont il croyait s'apercevoir continuaient à le contrister. Il s'en plaignit de nouveau, et voulut s'en dédommager par un surcroît de mortifications.

Un matin, les religieux étaient sortis comme de coutume pour aller aux travaux des champs; ils voient sur la route le cadavre d'un animal en putréfaction : aussitôt on se détourne et on se bouche les narines; le bienheureux seul s'approche de ce corps décomposé, et l'éloigne assez du chemin pour délivrer ses frères et les autres voyageurs d'émanations fétides et presque insupportables.

Le régime si austère de la communauté lui paraît trop doux et trop commode. Il ne mange pas à sa faim des grossiers aliments qui lui sont servis, et il y mêle de l'eau froide pour les rendre plus insipides. Le vénérable Gaucher est forcé d'intervenir pour diminuer le nombre de ses pénitences; il le réprimande sévèrement, et fixe la quantité de pain qu'il sera désormais tenu de manger.

Pour résumer la vie de Jean de Montmirail à Longpont, il suffira d'extraire quelques passages du témoignage rendu par le prieur après la mort du bienheureux :

« Jean voulut entrer en religion, dit Gaucher, afin de résister plus facilement aux trompeuses séductions du monde; il se mortifia par les veilles, les peines et les oraisons. Sa crainte du Seigneur, son humilité, sa ferveur furent si grandes qu'il devint pour tous un modèle à suivre et fut un miroir de sainteté..... Nous avons été constamment témoins de ses actions héroïques, inspirées par une foi vive : après avoir passé quarante-sept années dans l'ordre, après avoir vu beaucoup de saints religieux, parmi lesquels plusieurs eurent des révélations mystérieuses et des visions divines, nous avons considéré d'un côté l'humilité de Jean, son esprit de pauvreté, de détachement du monde, de renoncement à lui-même; de l'autre, sa noblesse, son opulence, sa gloire, qui le pla-çait bien au-dessus de tous les grands de la cour, et nous pouvons attester avec serment que dans notre conviction personne de ceux dont nous venons de parler ne peut lui être préféré. Aussi sommes-nous persuadés qu'il est entré dans les tabernacles du Seigneur, et qu'il partage la félicité des saints auxquels il est devenu semblable. »

# CHAPITRE VI



**Mort du bienheureux Jean.
Miracles obtenus par son intercession.**

Le plus beau jour de la vie d'un saint,
c'est celui de sa mort. L'Eglise, dans un
langage plein de vérité, l'appelle *le jour de
sa naissance*. La mort lui apporte le repos
après le travail, la récompense après l'épreuve,
la couronne après la lutte, le triomphe après
le combat. Tant qu'il demeure dans le monde,
il se répète souvent ces courtes mais instruc-
tives paroles : « Ce n'est pas ici mon pays. »
Il accepte avec soumission les amertumes de
l'exil, et il aspire vers les joies de la patrie.
Quand il approche du terme de son pèleri-
nage, il est disposé à dire comme une âme

d'élite [1] qui fut contemporaine des nôtres :
« Priez pour moi ; mais ne demandez à Dieu
ni un jour de plus ni une souffrance de
moins. » Telles furent les dispositions avec
lesquelles le bienheureux vit approcher l'instant où il devait passer à l'éternité. Le souvenir de ses années mondaines entretenait dans
son cœur la crainte de la Justice divine ; mais
la confiance et l'amour y surabondaient, ils
dominaient les autres sentiments ; et lorsqu'il
ressentit les souffrances chargées de lui annoncer le départ, il les accueillit avec reconnaissance comme les messagères de la bonne
nouvelle. La mort le conduisit, avant le
temps, au bonheur du ciel ; quand elle vint
le chercher, il était encore dans la maturité
de l'âge. Sa forte constitution semblait réservée à une longue vieillesse ; ses rudes labeurs
abrégèrent la durée de l'épreuve, qui fut glo-
rieusement terminée le 29 septembre 1217. Il
était âgé de cinquante-huit ans, et avait passé
sept années dans la communauté de Longpont.

Les religieux regrettèrent la disparution
d'une lumière qui les guidait dans le sentier
de la pénitence ; ils pleurèrent l'absence d'un

[1] Mme Swetchine, sortie de ce monde en l'an de grâce 1857.

modèle qui leur facilitait l'obéissance à la règle; mais en même temps, pénétrés de la sainteté de Jean, ils ne doutèrent point de sa puissance au ciel et s'empressèrent de l'invoquer. Jean ne resta pas sourd aux prières de la foi; de nombreuses grâces vinrent bientôt témoigner de son crédit. Ses historiens énumèrent une foule de miracles obtenus par son intercession; les limites de cette biographie permettent seulement d'en citer quelques-uns.

Un frère de Longpont souffrait beaucoup d'une tumeur à la gorge : il se prosterne en priant devant le tombeau du bienheureux, et, au simple contact du sépulcre, le gonflement disparaît avec la douleur.

Un religieux de cette maison avait eu le bonheur d'inspirer une confiance intime au seigneur de Montmirail. Jean s'ouvrait à lui comme à un ami, et lui faisait connaître quelques-unes de ses mortifications secrètes. Plusieurs fois il avait eu recours à ses bons offices pour se procurer des cilices. Quelque temps après sa mort, ce fervent bénédictin ressentit les atteintes d'une goutte sciatique qui ne lui laissait ni trève ni repos. Témoin des prodiges opérés par l'intercession du bienheureux, il se met à l'invoquer à son tour, lui rappelant avec simplicité les petits services qu'il avait pu lui rendre. C'était pendant la nuit. Animé d'une grande confiance, il sort de son lit et parvient à se traîner auprès des restes vénérés. Là il renouvelle ses instances ; mais à peine ses membres endoloris ont-ils touché le tombeau qu'il en retrouve le libre usage ; sa guérison est à la fois complète et instantanée.

La nouvelle de ces miracles se répandit rapidement dans le pays, et les invocations multiplièrent encore les prodiges. A Vouciennes, on l'implora tant de fois et on fut si souvent exaucé, que la contrée reçut le nom de *Vallée des miracles*. Cependant les habitants de Montmirail paraissaient les enfants privilégiés de sa tendresse. Sur la terre, il les avait aimés en père ; au ciel, il se plaisait à user largement de sa puissance pour leur témoigner sa vive affection.

On n'obtenait pas seulement les guérisons corporelles, mais aussi des grâces plus précieuses de conversion. La baronne de Montmirail, Helvide de Dampierre, fut une des premières à recueillir cet inestimable bienfait. Justement affligée d'avoir si mal profité des mémorables exemples donnés par son époux, elle voulut expier ses fautes passées en finissant ses jours dans l'abbaye de Vaucelles. Jean II son fils, qui avait hérité de la baronnie de Montmirail, se rappelant avec chagrin les entraves et les difficultés qu'il avait suscitées à l'époque des donations faites à Longpont, répara les torts de sa conduite par de généreuses offrandes en faveur de cette maison. Matthieu, frère et successeur de Jean II, constitua une rente de treize livres tournois, destinée au paiement d'un cierge qui devait brûler jour et nuit, à perpétuité, devant le tombeau de son bienheureux père, pour le repos de son âme, pour ses ancêtres et pour ses successeurs.

Ce tombeau était magnifique; il avait été érigé par Marie, la dernière fille de Jean, veuve d'Enguerrand de Coucy. Le monument était à deux étages, en marbre blanc et noir. Le premier plan représentait en relief le seigneur de Montmirail, avec ses armes, son casque et son bouclier couvert de ses armoiries. Au second plan, on le voyait revêtu de la robe des Bénédictins.

Quant aux restes du bienheureux, inhumés d'abord sans aucun honneur exceptionnel, on les transporte successivement et avec une grande solennité dans le cloître, puis plus tard dans le chœur de l'église, puis derrière le tabernacle, puis dans un riche reliquaire placé avec pompe dans la sacristie, afin de donner aux fidèles la satisfaction de les voir, d'en approcher, et de satisfaire ainsi leur pieuse curiosité. De nos jours, ce qui a été conservé de ces précieuses reliques est en la possession de M. le comte Henri de Montesquiou, propriétaire actuel des ruines de Long-pont.

On n'a pas conservé la chartre de la canonisation du bienheureux Jean; mais tout porte à croire à la déclaration solennelle de sa sainteté. Nous en avons pour preuves les lampes, les cierges allumés devant ses reliques, les *ex-voto* déposés après les grâces obtenues, et les honneurs publics rendus à sa mémoire. Son culte est établi dans l'ordre des Bénédictins; on y célèbre sa fête le 29 septembre. Son nom est inscrit à ce jour dans le martyrologe de l'abbé Chastelain, comme suit : « 1217. A Long-pont, au diocèse de Soissons, le vénérable Jean de Mommirel (*de Monte mirabili*), de l'ordre de Cîteaux. » Pour aider la piété des pèlerins, les religieux avaient rédigé et placé près de son reliquaire une prière en son honneur. Cette prière, ainsi que plusieurs chartres émanées de l'ordre de Cîteaux, lui donne les titres de *glorieux soldat du Christ*, de *bienheureux* et de *saint.*

FIN

# TABLE


PRÉFACE. . . . . . . . . . . V

CHAP. I. Naissance, éducation et mariage de Jean de Montmirail. . . . . . . . . . . 7

CHAP. II. Exploits et conversion de Jean de Montmirail. 17

CHAP. III. Conduite de Jean dans sa famille, dans ses domaines
et à la cour, après sa conversion. . . . . 27

CHAP. IV. Charité, mortification et humiliation du bienheureux
Jean. . . . . . . . . . . 35

CHAP. V. Entrée du bienheureux Jean dans l'ordre des Bénédictins. . . . . . . . . . 51

CHAP. VI. Mort du bienheureux Jean. Miracles obtenus par
son intercession. . . . . . . 64



— Lille. Typ. L. Lefort, 1862. —

www.ingramcontent.com/pod-product-compliance
Lightning Source LLC
Chambersburg PA
CBHW051613060726
47597CB00004B/1270